Neutralist Proposal for Korean Reunification

한반도 영세중립통일 제안문

Pil-Yull Ra, Ph.D.

정치학박사 나필열

The Korean and English versions are contained within

한글과 영문 버전이 모두 포함되어 있습니다

ISBN: 979-8-9873911-0-5 (Paperback)
ISBN: 979-8-9873911-1-2 (Ebook)

Book design by James Ra

Printed by IngramSpark in the United States of America

First Edition: March 2023

IngramSpark
One Ingram Blvd, La Vergne, TN 37086

The author's deep appreciation goes to several individuals; James, Sandy, and Isa. My second son James managed the whole process of publishing the book which entailed some challenging issues in addition to overseeing every detail concerning the contents. Sandy, my dear friend, and designer produced the most creative and ingenious idea for the cover picture reflecting the basic philosophy and hope of my thesis expressed in the book. For Korean people, the magpie bird is traditionally known as a symbol of luck, good news, and prosperity. The olive branch in its mouth symbolizes the peaceful reunification of Korea. Isa Kivlighan, my granddaughter, M.A. in Public Policy rendered her relentless help with my English issues and organizing the materials in the book. Without their help, this book might not have seen the light to be borne.

한반도 영세중립통일 제안문

정치학박사 나필열

See Table of Contents for the English Version

목차 - Table of Contents

머리 말

근, 현대는 우리 배달민족에게 비극적 사태를 연달아 몰고 왔다. 일본 식민지배의 굴욕을 안겨주고, 나라의 허리를 잘라 남과 북으로 갈라 놓았으며, 동족상잔의 6.25 한국전쟁을 가져왔다. 이제 북핵 문제까지 등장시켜 한반도 전역에 먹구름을 펼치고 있음으로써 우리 민족의 미래는 그어느 때 보다도 어둡고 불투명하다 아니 할 수 없다. 그러나 무엇보다도 불행한 일은 민족의 핵심문제 즉 통일문제에 대한 원만한 해결책이 아직도 우리의 시야에 들어오지 않고 있다는 사실이다. 통일없이 민족의 미래는 암울 할 수 밖에 없다.

우리 민족은 서기 918년, 고려 왕조로 부터 시작하여 이조시대를 거쳐 20세기 초엽에 이르기까지 1000년이 넘는 긴 세월을 하나의 통일민족국가로 존속해 왔다. 기나긴 역사적 안목에서 볼 때 현재 우리민족이 경험하고 있는 분단의 비극은 짧은 과도기적 현상에 불과 하리라. 본 제안문은 우리민족의 재 통합이 역사적 필연이라는 전제 하에 평화통일을 위한 이론적 틀과 실현방법을 제시함에 그 주 목적이 있다. 불가능한 것은 민족의 재통합이 아니라 민족의 영원한 분열인 것이다.

동아시아에서 한반도의 위치가 차지하는 지정학적 중요성은 우리민족에게 수 많은 비극을 안겨준 가장 중요한 요인이다. 한반도는 동아시아의 열강 사이에 자리잡고 있음으로서 중요한 지정학적 위치를 차지한다. 그때문에 옛 부터 주변 열강의 지배표적이 되어 온 것이다. 하늘은 우리민족에게 참으로 특별한 시련과 고난의 운명을 안겨준 셈이다. 한반도의 지정학적 저주를 전화위복으로 바꾸는 길은 과연 무엇인가?

다음은 본 제안문이 포괄하는 주요 질문이다.

한반도가 남북으로 갈라지게된 구체적 연유는 무엇이었나? 6.25 한국전쟁은 왜 일어났으며 그것은 우리에게 무엇을 말해주고 있는가? 그리고 한반도의 재통일문제는 어떠한 특성을 지니고 있는가? 한반도 통일을 가로막고 있는 궁극적 장애물은 무엇인가? 남북한 사이의 정치 이데올로기의 충돌과 불화인가, 아니면 한반도에 있어서의 미국과 중국 사이의 지정학적 이해의 충돌인가? 동아시아의 세력균형을 파괴함이 없이 통일한반도를 창조할 수 있는 길은 무엇인가? 스위스 (Switzerland) 가 대표하는 영세중립국 개념은 우리 민족에게 무엇을 시사하고 있는가? 한반도를 아시아의 스위스 (Asian Switzerland) 로 만드는 일은 가능한가? 한반도의 재통일이라는 시대적 과업을 성취함에 있어서 미국의 역할은 무엇인가? 북핵문제의 근본은 무엇이며 어떻게 해결할 수 있는가? 그리고 우리민족이 조국의 평화통일을 위해 우선적으로 해결해야하는 가장 중요한 과제는 무엇인가?

1.
한반도분단의 근원

어찌하여 한반도가 남북으로 분단되는 민족적 비극을 맞이하게 됐는가? 그 직접 원인은 소련군의 한반도 진출이다. 1945년 8월 15일 일본이 항복을 선언하기 약 일주일 전에 소련이 일본에 대하여 선전포고를 하고 만주 일대와 한반도 북방에 군대를 파견한 것이다. 1941년에 일본과 불가침조약을 맺은 소련이 어찌하여 갑자기 태평양전쟁에 참여하게 되었는가?

이것은 우리 배달민족의 비극적 운명과 연관된 중요한 질문이다. 이 물음에 대한 정답은 제 2차 세계대전이 끝나기 몇 개월 전에 미국과 소련 사이에 있었던 두번에 걸친 회담내용에서 찾을 수 있다. 제2

차세계대전이 연합국의 승리로 끝나가면서 열린
얄타 (Yalta) 와 포츠담 (Potsdam) 회담에서 미국의
루스벨트 (Franklin D. Roosevelt) 와 트루먼
(Harry S. Truman) 대통령은 당시 연합국이었던
소련에게 일본에 대한 선전포고를 종용했던 것이다.
미국의 전략가들은 소련이 일본에게 선전포고를 하고
만주와 한반도에 주둔하고 있는 일본군을 공격한다면
일본의 항복을 앞당길 수 있고, 그럼으로서 일본본토
상륙을 앞둔 미군의 희생을 크게 줄일 수 있다고 믿었다.
그리고 소련의 참전 대가로 러-일전쟁 (1904-1905) 에
패배하여 일본에게 잃었던 모든 섬들을 소련에게 되돌려
주기로 약속했다. 원자탄 투하의 충격적 효과는 그
당시에는 미지의 것으로서 심각하게 고려되지 않았던
것으로 보인다.

그러나 소련의 속셈은 달랐다. 소련의 통치자였던
스탈린 (Joseph V. Stalin) 은 공산주의 확산을 위하여
그 기회를 이용했던 것이다. 그는 망설이면서 기회를
엿보다가, 1945년 8월 6일 일본 히로시마에 미국의

원자탄이 투하되어 순식간에 전 도시가 초토화된 것을 알고, 그 이틀 뒤에 일본에 대한 선전포고를 했다. 그리고 즉시 한반도 북방과 만주 일대에 군대를 파견한 것이다. 실의에 찬 일본군의 저항은 거의 없었다.

미국은 뒤늦게야 소련의 진의를 파악하고 소련군의 한반도 남하진격을 예방하기 위해 38도선을 제시한 것이다. 미국의 요청에 따라 소련군은 38도선 이북에 머물고, 즉시 그 선을 따라 이른바 "철의 장막 ("iron curtain") 을 쳤다. 그로서 한반도의 북방은 사실상 외부로부터 차단된 것이다. 그것은 분명히 그 몇 달전 독일 항복 직후에 동유럽의 모든 나라에 "철의 장막"을 내린 것과 그 맥락을 같이 한 것이다.

일단 소련군이 점령하고 철의 장막이 내려진 이상 38선 이북의 운명은 동 유럽의 모든 나라들 처럼 소련의 공산주의 세력권 안에 들어간 것이다. 그 이후로는 한반도가 하나의 민족국가로 남아 있을 수 있는 방도는 없었다. 그리하여 우리민족은 결국 1948년에 두개의 적성 국가로 나뉘어, 남 쪽 서울에는 미국의 지원을 받아 대한민국 (Republic of Korea, ROK) 이 수립되고, 북 쪽 평양에는 소련의 지원을 받아 조선인민공화국 (Democratic People's Republic of Korea, DPRK) 이 각각 수립됐다. 그 두개의 정부는 서로 적대적인 정치적 이데올로기 즉 자유민주주의와 공산주의의 이념적 기반 위에 각각 세워졌으며 당시 세계정치의 쌍벽을 이룬 미국과 소련을 각각 그 정치적 배경으로 하고 있었다.

한반도가 남북으로, 독일이 동서로 분단된 것은 냉전 (Cold War) 의 가장 비극적인 부산물이었다. 냉전이란 주로 정치 이념상의 전쟁으로서 소련이 주도했던 공산진영과 미국이 주도했던 자유진영 사이에 제2차세계대전이 끝나면서 시작된 총성없는 전쟁이었다. 그것은 당시 핵무기를 보유한 두 초강대국, 미국과 소련 사이에 "핵전쟁이 일어난다면 둘 다 확실히 멸망한다" ("mutually assured destruction in a nuclear war") 는 국가 안보론에 그 기반을 두고 있다. 그러나 후진국 권에서의 이른바 대리전쟁 (proxy war) 은 가능했다. 냉전 기간 동안 소련은 제 3 세계의 어느 곳에서나 공산주의 이념과 정권을 확산 시키기 위한 정책을 추구했으며 미국은 그에 대항하여 이른바 봉쇄정책 (containment policy) 을 펼쳐 소련 공산주의의 확산을 저지하려 했다.

미국과 소련 사이의 냉전의 큰 틀 속에서 남북한은 한정된 안정을 누리며 각각 자신의 길을 갈 수 있었던 것이다. 냉전기간 동안 남한은 혁혁한 경제 발전과 정치발전을 성취했지만, 북한은 경제적 침체와 정치적 고립을 면치 못하게 된 것이다. 분단되고 분열된 한반도는 양극화된 세계정치 (bipolar world politics) 의 극명한 상징적 존재가 되고 말았던 것이다.

독일의 동서분단과 한반도의 남북 분단이 냉전의 부산물이었다는 점에서 그 둘 사이에 유사성이 있으나, 동시에 중요한 도덕적 차이가 있음을 명심할 필요가 있다. 그것은 독일이 대전을 이르킨 전범국이었지만 우리민족은 그러한 죄가 없는 무고한 민족이었다는 사실에 기인한다. 독일의 분단을 죄과에 대한 응보로 본다면 한반도의 분단은 무고한 자에 대한 가혹한 형벌이 된 셈이다. 그러한 도덕상의 차이 때문에 독일민족은 할 말을 잃고 묵묵히 나라의 분단을 감수할 수 있었으나 우리민족의 분노와 원한은 처음부터 하늘을 찌르고 비극적 전쟁을 낳았다. 분단 후 70여년이 지난 오늘에 이르기까지 이루지 못한 통일의 염원은 풀어야 할 민족의 최대 과제로 남아 있다.

소련의 붕괴와 함께 냉전시대는 막을 내리고 새로운 세계질서가 형성되고 있는 가운데 독일 민족은 이미 평화통일을 성취하여 유럽에서 가장 부강한 나라로 부상했으나, 무고한 우리민족은 아직도 분단의 고통과 신음 속에서 기약없는 나날을 보내고 있을 뿐이다. 이것은 인류역사의 아이러니 (irony) 라 아니 할 수 없다. 배달민족의 한은 언제 풀릴 것인가?

2.
한국전쟁과 한반도 통일문제의 특성

생각건대, 6.25 한국전쟁이 일어난것은 예견된 비극적 사건이다. 1948년에 남한과 북한의 정부가 각각 서울과 평양에 수립되고, 그 이듬 해인 1949년에는 남한과 북한에 주둔하고 있었던 미군과 소련군은 각각 철 수 하기에 이르렀다. 1949년에 중국이 공산주의 치하에 들어가고 남한으로 부터 미군이 철수함으로서 한반도에 힘의 공백과 불균형이 발생한 것이다. 그리고 공교롭게도 1950년 1월에는 미국의 에치슨 국무장관이 전국기자회견 (National Press Club) 에서 이른바 애치슨 라인 (Acheson Line) 을 발표하고 미국의 태평양 연안

방위선을 상세히 제시했는데, 남한과 대만 그리고
인도차이나가 그 방위선 밖에 놓이게 됨으로서 미국
정부의 남한 방위 의지에 큰 의문부가 찍힌 상황이었다.

 그 때 김일성은 스탈린 (Joseph Stalin, 1878
-1953)을 설득하여 소련의 전쟁지원을 약속받고
무력통일을 목표로 당시 지극히 취약한 국방력을
보유한 남한에 대한 전면 공격을 감행했다. 그러나
김일성의 기대에 어긋나게 미국의 트루먼 (Harry
S. Truman) 행정부는 남한 방어를 위한 군사개입을
즉각 결정한다. 그것은 소련의 공산주의 팽창정책에
대한 미국의 봉쇄정책의 일환이었다. 그 결과로
남한은 완전패배에서 구출되기에 이르고, 이윽고
맥아더 장군의 성공적 인천 상륙작전을 계기로
전세가 바뀌게 됐다.

북한군이 후퇴할 때 남한의 이승만 정부는 북진통일을
줄곳 주장했다. 그리고 극동사령관이었던 맥아더
(Douglas MacArthur) 장군 역시 한국 정부와

뜻을 함께 했다. 그러나 트루먼 미국 대통령은 중국의 군사개입 가능성을 우려하여 북진통일 정책에 대하여 미심쩍어 했던 것이다. 결국 맥아더 장군은 트루먼 대통령을 설득하여 그의 승인을 받아 무력통일을 목표로 한국군과 함께 38선을 넘어 이른바 북진통일의 길에 오르게 된다. 한국전쟁에 참여한 17개 국가의 유엔 (UN) 군은 38선 이남에 남아 있었는데, 그것은 유엔의 목적이 남한의 방어에 한정되어 있었기 때문이었다.

한.미 연합군이 한반도 통일을 목표로 북쪽 깊이 진격하고 있었을 때, 이번에는 맥아더 장군의 예상을 깨고 중국이 한국전쟁에 군사개입을 했다. 중국의 군사적 개입으로 인하여 북한은 구출되고, 결국 1953년에 쌍방간에 휴전협정을 체결하기에 이른다. 그럼으로 총성은 멈췄지만 국제법상 한국전쟁은 아직도 끝나지 않았다고 말 할 수 있다.

한국전쟁은 실패한 통일전쟁이다. 북한과 남한,

양측 모두 무력을 통한 민족통일의 목표를 달성하지 못한 것이다. 그것은 물론 미국과 중국으로 부터의 군사개입이 있었기 때문이었다. 미국이 한국전쟁에 개입한 것은 제2차세계대전 직후부터 시작된 소련 공산주의 팽창에 대한 미국의 전반적인 봉쇄정책의 일환이었다. 그러나 중국의 군사개입은 주로 자국의 안보를 위한 조처였던 것이다. 다시 말하면, 남, 북한 어느 쪽도 한반도의 무력통일을 성공시킬 수 없었던 것은 한반도에 있어서의 미국과 중국 사이의 지정학적 이해가 충돌하기 때문이었다. 중국에게 북한은 치명적 중요성을 지닌 완충지이며, 미국에게 남한은 동아시아에서 공산주의 팽창을 막고 자유세계를 방어하기 위한 전략적 요충지다.

중국은 자국의 안보를 위하여 북한을 포기 할 수 없는 입장이다. 북한이 남한에 흡수되고, 유사시에 미국의 군사기지가 압록강변에 설치된다는 가상적 상황을 그려 본다면 북한이라고 하는 완충지가 중국의 안보를 위해 얼마나 중요한 가를 쉽게 이해 할 수 있다. 1962년에 미국의 케네디 (John F. Kennedy) 대통령이 미국의 발치에 있는 쿠바 (Cuba) 에 소련의 미사일 기지가 설치되고 있다는 사실을 알고, 핵전쟁의 위험을 무릅쓰고까지 미 해군으로하여금 쿠바를 봉쇄시키고, 결국 이미 설치된 소련 미사일 기지를 쿠바로부터 모두 철수시킨 것은 무엇보다도 미국의 국가안보를 위한 필요한 조치였던 것이다. 중국의 한국전쟁 개입 또한 이와 유사한 맥락에서 보아야한다. 중국은 한반도의 통일이 미국과 군사적 동맹관계에 있는 남한의 기치하에 이루어지는 것을 한사코 용인할 수 없는 입장이다. 그러한 중국의 입장은 한국전쟁 당시나 지금이나 다를 바 없다. 중국의 수도, 베이징에 가까히 위치한 압록강 강변을 따른 긴 국경을 미국과 동맹국인 통일된 한반도와 공유 함은 중국에게는 악몽이며 미국에게는 지정학적 대박이다. 중국으로서는 북한을 삼켜버린 한국의 군사력이 두려운 것이 아니라 한국의 동맹국인 미국의 군사적 위협이 두려운 것이다.

중국이 한국전쟁에 개입하게된 주 이유는 공산주의

이데올로기 때문이 아니라 지정학적 이유 때문이었다. 그리하여 중국의 모택동 (Mao Zedong) 정부는 한국전쟁에 개입하면서 자국의 안보 때문에 그러한 결정을 한다는 것을 분명히 했다. 북한과 중국의 유대관계는 이념적이라기 보다는 지정학적이라고 보아야 한다. 한반도가 냉전 때문에 두개의 적대적 국가로 분리되면서 북한의 존재는 중국을 위한 완충지로서의 중요성을 띠게 된 것이다.

사실, 북한과 중국 사이의 관계는 처음부터 소련과의 삼각관계에 얽히게 됨으로써 껄끄러운 사이였다. 소련의 통치자, 스탈린은 김일성에게는 대부 (godfather) 같은 존재로서 그의 도움으로 북한이 탄생한 것이다. 최근 나날이 짙어지고 있는 북핵문제는 중국으로서는 큰 골칫거리가 아닐 수 없다. 이웃이면서 동시에 아우격인 북한이 핵무기를 가지고 불장난 하고 있는 것을 보면서 중국이 신경을 곤두세우지 않을 수 없는 것이다.

한편, 남한은 미국에게 중요한 혈맹이며, 동아시아에

있어서의 전략적 요충지로서 태평양 연안에 있어서
미국의 이익과 민주주의의 가치를 보호하며 증진하기
위하여 큰 보루 역할을 한다. 미국이 한국을 잃는다면,
그것은 동아시아에 있어서의 미국의 봉쇄정책이 크게
무너지고 세력균형이 깨지는 것을 의미하며 동아시아의
평화와 안정에 심각한 위협이 될 것이다. 뿐만 아니라,
북한의 기치하에 한반도가 통일된다면, 그것이 이웃나라
일본과 미국에게 미치는 정치적 충격은 클 것이다. 그것은
그 두 나라에 있어서의 극우정치를 조장하고 나아가
극단주의적 세계정치를 고조시키는 결과를 초래 할
것이다. 정치분야에서 극좌정치는 극우정치를 자극하고
극우정치는 극좌정치를 자극한다. 극좌정치와 극우정치는
서로 상극이면서 정치역학상 서로를 돕는 운명인
것이다. 소련의 공산주의 혁명이 독일의 나치주의의
등장을 크게 고무한 것은 그러한 이치 때문이다. 하지만
자유민주주의의 입장에서 볼 때 그 둘은 전체주의의
쌍둥이 악 (totalitarian evil twin) 이라 할 수 있다.

6.25한국전쟁은 한반도 재통일문제의 주 성격을

변화시킨 촉매역할을 했다. 한국전쟁 동안 일어난 일련의 극적 사건들은 우리에게 두가지 중요한 점을 말해 준다. 첫째, 한국전쟁은 한반도의 통일문제가 민족 내부의 문제인 동시에 동아시아에 있어서의 국제적 세력균형문제가 개입된 복잡한 문제임을 보여 줬다. 분명히 한국전쟁은 민족 내부의 통일전쟁인 동시에 미국과 중국 사이의 지정학적 이해를 둘러싼 국제적 충돌이었다.

둘째, 한국전쟁은 우리의 통일문제를 해결하기 위한 군사적 방법이나 흡수통일방법은 없다는 점을 보여 줬다. 우리민족은 6.25 동란이라는 엄청난 댓가를 치루고 이 점을 배운 셈이다. 군사적 힘에 의한 무력 통일이나 독일 식 흡수통일은 모두 일방적 통일로서 미국과 중국의 지정학적 충돌문제를 해결해 주지 못한다. 따라서 한반도의 통일은 무력통일도 흡수통일도 아닌 제 3의 길을 요구하고 있는 것이다. 우리민족이 이점을 인식함은 치명적으로 중요하다. 미국과 중국 사이의 군사적 쇼다운 (showdown) 을 통한 한반도 통일은 상상 할 수 있다. 그러나 그것을 바라는 정상적인 인간은 존재하지 않을 것이며, 우리민족의 통일을 위하여 미국과 중국이 세계대전에 돌입하는 것은 있을 수 없는 일이다.

한반도는 처음에 미국과 소련사이의 냉전정치 (Cold War politics) 에 휘말려 그 포로로 잡혀 있다가, 미, 소간의 냉전이 해소된 오늘날에 와서는 중국과 미국 사이의 지정학적 인질로 잡혀 있는 셈이다. 그럼으로 한반도분단의 현상유지에 대한 궁극 책임은 남 북한 사이의 불화에 있는 것이 아니라 미국과 중국 사이의 지정학적 이해의 충돌에 있다고 할 수 있다.

따라서 한반도 통일문제에 관한 가장 중요한 핵심 질문은, 어떻게 해야 남한과 북한이 화해하고 통일정부를 수립할 수 있는가 하는 것이 아니라, 어떻게 해야 동아시아에 있어서의 미국과 중국 사이의 세력균형을 파괴함이 없이 한반도의 통일을 도모할 수 있는가 하는 것이다. 다시 말하면, 한반도 재통일문제의 요체는 어떻게 해야 한반도통일과 세계 최대 강국인 미국과 중국

사이의 한반도에 있어서의 지정학적 이해의 충돌문제를
조화 시킬 수 있는가 하는 것이라 할 수 있다. 아무리
남한과 북한 사이에 통일문제에 대한 합의를 보았다
하더라도 그 자체로서 통일문제가 해결되는 것이 아니다.

한반도통일의 선행조건은 남, 북한의 화합이 아니라
한반도에 있어서의 미, 중간의 지정학적 조화다.
미국과 중국의 주요 관심은 통일방법에 있는 것이
아니라 한반도통일이 지정학적으로 그들에게 어떠한
이해를 가져 올 것인가 하는데 있다.

3.
소련의 붕괴와 북핵문제의 대두

1991년에 소련은 와해되고 미, 소 간의 냉전은 끝 났다. 그 결과로 세계의 정치지도에 엄청난 변화가 생겼다. 소련의 모든 위성국들이 소련의 지배로부터 해방되고 서독이 동독을 흡수통일 할 수 있었다. 그러나 한반도에 있어서의 상황은 전혀 달랐다. 냉전이 한반도분단의 근원이었지만 냉전이 끝 났다고해서 한반도의 통일문제가 해결된 것이 아니다. 오히려 소련의 와해와 냉전의 종결은 한반도에서의 긴장을 더욱 고조시키고 북한으로하여금 핵억지력 (nuclear deterrence) 을 추구하도록 만들었다.

소련 공산권의 붕괴는 북한의 통치자들로 하여금

남한에 의한 흡수통일 가능성에 대하여 큰 경각심을 갖게 한 것이다. 동독이 서독에게 흡수통일되는 역사적 현장을 보고 북한 통치자들의 경각심은 고조될 수 밖에 없었다. 북한은 이제 대부 격이었던 소련이 사라지고, 그렇다고 큰 형 격인 중국의 호의에 전적으로 의지할 수도 없는 상황이라서 고민에 빠지게된 것이다. 결국 북한은 심각한 경제난에도 불구하고 정권의 안보와 생존을 위해 핵무기 개발에 나섰다. 핵무기를 소유한다면 아무도 함부로 북한을 공격할 수 없을 것이라는 속셈이다. 따라서 북핵문제는 소련이 붕괴되고 냉전이 종결되면서 더욱 고조된 한반도의 긴장과 불안정이 초래한 하나의 부산물로 보아야 한다. 그리고 북핵문제는 우리 민족의 통일문제가 근본적으로 해결 될 때 까지 가시같은 껄끄러운 문제로 남게 될 것이다. 하지만 통일의 날, 북핵문제는 연기처럼 자취를 감출 명이다. 통일한반도는 핵무기를 필요로 하지 않을 것이기 때문이다.

4.
미국의 한반도 정책의 근본적 딜레마

미국은 남한을 북한의 침공으로부터 구하고 남한의 경제발전과 정치발전을 도와 큰 성과를 거두었다. 아마도 전 세계를 통하여 대한민국이 미국의 도움으로 크게 성공한 대표적인 국가일 것이다. 대한민국의 국민으로서 그러한 미국의 도움에 대하여 고맙게 생각하지 않는 사람은 없다. 사실 미국의 도움이 없었다면 지금의 선진화된 남한은 상상할 수도 없는 일이다.

 그러나 우리민족의 통일문제는 차원이 다른 별개의 문제이다. 미국은 한반도의 분단에 대하여

부분적이나마 도덕적 책임을 면 할 수 없다. 미국은 소련의 대 일본 선전포고를 종용함으로서 소련군의 한반도 진출을 초래했으나, 그것이 일본의 항복을 앞당겼다고 볼 수는 없다. 미국이 소련으로하여금 태평양전쟁에 참여시킨것은 결과적으로 미국의 큰 전략적 실 수라고 할 수 밖에 없다. 소련군의 한반도 및 만주에로의 진출은 결국 한반도분단의 직접적 원인을 제공했을 뿐만 아니라 당시 진행되고 있었던 중국의 내전에서 모택동의 공산군을 도와준 결과를 낳았을 뿐이다. 즉 그것은 결과적으로 스탈린의 공산주의 팽창정책에 날개를 달아준 꼴이됐다.

현재 미국은 한반도 통일문제를 순수한 우리민족 내부의 문제로 치부하고, 남한과의 군사동맹과 정치경제적 유대관계를 통하여 상호이해관계를 돈독히 함으로서 중국 세력의 팽창을 견제하는 역할을 하는 것으로서 만족하고 있는 듯 하다. 현재 미국정부는 이른바 북핵문제에만 몰두하고 한반도통일문제에는 큰 관심이 없어 보인다.

그러나 사실 북핵문제는 통일문제의 부수적 문제로 보아야한다. 통일문제가 근본적으로 해결 돼지 않는 한 북핵문제는 해결될 수 없기 때문이다.

미국의 한반도 현상유지 정책은 일시적 및 잠정적인 정책으로서만 정당화 될 수 있다. 그것은 우리민족 통일의 정당성 및 당위성과 양립할 수 없기 때문이다. 그럼으로 미국의 한반도에 있어서의 장기적 정책 목적이 한반도를 분단상태로 영원히 보존하는 데 있다면 그것은 분명히 근시안적인 정책으로서 재고되어야 한다.

미국의 현상유지책은 종국에 가서 중국과의 첨예한 군사적 대치상태 혹은 제2의 한국전쟁을 유발 할 수 있다. 힘의 균형은 쉴 새없이 변하기 때문이다. 북한이 핵무기를 보유하고 있다는 사실을 감안 할 때 한반도에서의 다음의 군사적 충돌은 상상을 초월하는 비극적 재난을 가져 올 수 있음을 경고하지 않을 수 없다.

미국이 동아시아에서의 현재의 세력균형을 유지해야
함은 당연하지만, 한반도의 영구적 분단을 그
전제조건으로 할 수는 없다. 그렇다고 한반도의
통일을 위하여 세계대전을 일으킬 수도 없다. 미국의
현상유지 정책은 한반도의 통일과 양립 할 수 없다는
점이 현재 미국의 한반도 정책이 내포하는 근본적
딜레마 (dilemma) 라 할 수 있다. 그럼으로 미국은
합당한 예방정책 (proactive policy) 을 찾아야 하는
싯 점에 도달하고 있는 것이다. 미국은 과연 무엇을
어떻게 해야 하는가? 미국 정부는 이 문제를 놓고
진지하게 고민해야 한다.

5.
최선책은 한반도중립화통일정책

본 제안문은 동아시아에서 미국과 중국 사이의
세력균형을 유지하는 동시에 한반도의 평화적통일을
가능하게 하기 위한 유일한 해결책은 영세중립국
개념을 한반도 상황에 적용함으로서만 가능하다는
것을 주장한다. 국제법상 주변 열강들 사이의 조약을
통하여 중립의 입지를 보유하는 나라는 특별한
권리와 의무를 갖게된다. 그 권리 중에 가장 중요한
것은 중립국의 영토가 교전국들에 의하여 침범
당하지 않는다는 점이다. 모든 교전국들은 중립국의
중립권을 국제법상의 권리로 존중해야 한다. 한편
중립국은 군대를 보유 할 권리를 갖지만, 어느

나라와도 군사동맹을 맺을 수는 없다. 그럼으로, 만약 (통일) 한반도가 주변 4강, 즉 미국, 중국, 일본, 러시아 사이의 조약을 통하여 영세중립국으로서의 입지를 확보한다면, 한반도에 있어서의 미국과 중국 사이의 지정학적 이해의 충돌은 해소되고 현재의 지역적 세력균형은 그대로 유지될 수 있음을 기대할 수 있다. 한반도 전체가 하나의 영세중립국으로 통일되어 이른바 아시아의 스위스 (Asian Switzerland) 로 환생한다면, 그것은 동아시아의 새 질서와 새 역사의 시작을 의미한다. 분단된 한반도를 둘러싼 긴장의 역사를 뒤로하고, 통일한반도를 중심으로 하는 안정과 평화의 새 역사가 시작되는 순간이라 할 수 있다. 한반도의 영세중립화와 함께 중국은 한반도 전부를 새로운 완충지로 얻게되는 셈이고, 중국의 팽창정책을 견제하기 위한 동아시아에 있어서의 미국의 봉쇄정책은 보다 견고한 기반을 얻게 되는 셈이다. 한반도가 스위스 처럼 통일영세중립국으로 변한다면 한반도는 미국과의 군사방위조약 없이 중국의 팽창정책을 사실상 견지하는 최 전방국가가 될 것이기 때문이다. 즉 한반도의 중립화는 중국에게는 보다 큰 완충지를 제공하고 미국에게는 보다 효율적인 봉쇄정책을 제공한다.

스위스 중립모델을 강조함에는 중요한 이유가 있다. 스위스 (Switzerland) 는 한반도처럼 강대국들로 둘려 쌓여 있으며, 대표적인 영세중립국으로서 그 명성이 높다. 스위스는 NATO 같은 중요한 지역집단방위체제에도 가입하지 않을 정도로 중립 노선 철학에 충실한 모범 국가이다. 이것이 바로 우리민족이 자손만대의 생존과 번영과 안정을 위해 택해야 할 최선의 외교정책노선인 것이다. 뿐만 아니라, 스위스 국민의 삶의 질은 세계에서 손 꼽히는 높은 수준이다. 이것은 그 나라의 영세중립 노선과 무관하지 않음을 명심할 필요가 있다.

한반도가 통일영세중립국이 될 때 비로서 한반도에 있어서의 미국과 중국의 지정학적 이해는 우리민족의 통일과 조화를 이룰 수 있다. 중립화통일한반도는

동아시아에서 미국과 중국 사이의 세력균형을
유지하고 안정을 도모함에 있어서 분단한반도의
역할을 훨씬 능가 할 것이라고 말 할 수 있다.
그 근본 이유는 한반도의 분단상태에서 유래하는 끝
없는 긴장과 불안정이 가라앉고 진정한 평화와 안정이
정착될 수 있기 때문이다. 총부리를 맞대고 있는 현금의
한반도의 상태가 긴장 속의 균형상태라면 중립화 후의
한반도 사태는 안정 속의 균형상태가 된다.

냉전의 종말이 독일의 재통일을 위한 국제적 환경을
조성했다면, 한반도중립조약의 체결은 한반도의
평화통일을 위한 국제적 지반조성이 될 것이다.
냉전의 종말이 독일통일의 문을 열어주었다면,
한반도중립조약은 드디어 한반도 통일의 문을 열어
줄 것이다. 우리민족은 그제야 비로소 꿈의평화통일이
현실화 될 수 있음을 알고 그 조약 내용을 존중하며
추구할 수 있게된다. 한반도영세중립조약의 체결과
함께 마침내 우리민족의 통일문제는 전적으로
우리민족 고유의 책임이된다. 헤엄쳐 살아 남던, 물

밑으로 가라앉던 그것은 우리민족의 손에 달린다.
충분한 시간적 여유를 가지고 역사적 사명감을
바탕으로 대동단결하여 민족적 지혜와 힘을 모은다면,
우리 배달민족은 반드시 그 역사적 시험을 통과하고
민족통일의 진정한 광복을 맞이 할 것이다.

한반도에 이른바 아시아의 스위스 (Asian Switzerland)
를 창조함은 우리민족에게는 진실로 꿈의 실현이다.
그것은 우리민족이 드디어 한반도의 지정학적 저주에서
벗어나 전화위복을 얻는 길이다. 그것은 끝없이
이어지는 민족 비극사의 고리를 영원히 끊어내기 위한
유일한 비법이 된다.

6.
미국의 역할

한반도의 평화적 통일을 가능하게 하고 동아시아에
안정적 새 질서를 창조함에 있어서 미국의 주도적
역할은 치명적 중요성을 띤다. 미국의 정책 결정자들은
민족이란 확대된 가족과 같아서 함께 살 자연적 및
도덕적 권리를 가지고 있다는 것을 인식해야 한다.
이 점에서 현금의 미국의 한반도 정책은 비록 전략적
및 정치적 차원에서는 성공적 이라 할 수 있을지라도
도덕적 차원에서는 실패작이다.

민족의 통일은 자연히 발생하는 자연현상이 아니다.
그것은 정치사회적 현상으로서 의식적인 인간노력을

통해서만 성취 가능하다. 그러나 유감스럽게도
우리민족의 재통일문제는 우리민족이 자주적으로
해결 할 수 없는 성격의 문제이다. 따라서
한반도통일을 위한 지반조성은 외부에서 올 수
밖에 없다. 열강들 사이의 국제정치가 한반도분단의
근본원인이었다면, 한반도통일의 발단 또한 외부에서
유래 할 수 밖에 없다. 즉 한반도 통일문제해결의
열쇠를 쥐고 있는 것은 남한과 북한이 아니라 미국과
중국이기 때문이다.

독일이 평화통일을 성취할 수 있었던 것은
근본적으로 고르바초프 (Mikhail Gorbachev)
의 새로운 국내외정책에 기인한다. 그는 이른바
글라스노스트 (Glasnost) 및 페레스트로이카
(Perestroika) 정책을 기치로 개방과 개혁정책을
추구했으며 소련을 해체하고 냉전을 종결시킨
것이다. 고르바초프가 노벨평화상을 받게된 것은
그러한 연유에서이다. 대내외적으로 새 시대를 열기
위한 고르바초프의 그러한 정책적 결단이 없었다면,

동서독의 통일은 불가했다고 보아야한다. 그럼으로
독일통일의 진원지는 본 (Bonn) 혹은 베를린 (Berlin)
이 아니라 모스크바 (Moscow) 였다고 할 수 있다.

한반도 통일의 진원지는 서울이나 평양이 될 수
없다. 그것은 워싱턴 (Washington D.C.) 이어야
한다. 우리민족이 평화적으로 통일을 이룩함으로서
정상상태로 돌아가기 위해서는 미국 측의 새로운
각성과 정책변화가 선행해야 한다. 미국의 정책
결정자들은 민족국가란 본질적으로 큰 가족과
같아서 한 민족은 함께 살 권리를 가지고 있다는
것을 인식해야 한다. 그리고 그 권리는 누구나 다
존중해야하며 열강들의 지정학적 이유로 영구히
유린 할 수는 없다. 민주사회에서 개인의 자유와
권리를 존중해야 하 듯 국제사회에서 민족의
자유와 주권을 또한 존중해야 함은 당연한 일이다.
민족의 통일과 국가의 주권을 향한 인간의 열정과
인내는영원하며 모든 민족의 잠재능력은 크다.
베트남 (Vietnam) 과 아프가니스탄 (Afghanistan)

에서의 미국의 쓰라린 경험은 이 점을 잘 말해주고 있다. 한반도의 분단에 기반을 둔 동아시아의 세력균형은 부도덕할 뿐만 아니라 비현실적이다. 그것은 우리민족의 통일권리를 부인함으로 도덕적 타당성이 결여되고, 민족의 통합은 역사적 필연임으로 분단의 영원한 유지는 불가하다. 이제 미국은 한반도의 분단시대에 종지부를 찍고 통일한반도를 토대로한 새질서를 모색해야 한다.

영세중립국 개념은 한반도의 평화적 통일 문제와 동아시아에 있어서의 세력균형 문제, 그리고 동시에 북핵 문제의 해결을 위한 최상의 열쇠를 제공한다. 현재의 국제상황에서 그 이상 더 좋은 합리적 대안은 없다. 한반도가 스위스 (Switzerland) 같은 영세중립국이 될 때, 비로소 동아시아에 있어서 국제적 세력균형과 한반도의 통일은 양립 할 수 있게 되는 것이다. 그 경우, 한반도에 있어서의 미국과 중국 사이의 세력균형은 유지되고, 우리민족은 통일을 이룰 수 있으며, 북핵문제까지 동시에 해결될 수 있는 일석삼조의 효과를 걷울 수 있다.

동아시아에 그러한 새 질서를 창조하는 역사적 과제의 중요성은 미국이 그 일에 앞장서야 함을 말해준다. 소련의 고르바초프 정부가 소비에트 연방을 해체하고 유럽에 새로운 정치지도와 질서를 가져옴에 있어서 주도적 역할을 했드시, 미국 정부는 동아시아에 새 질서를 창조함에 있어서 주도적 역할을 해야한다. 미국의 중요한 과제는 먼저 한반도중립화통일 문제에 대하여 중국과 대화하고, 네 개의 동아시아 열강 (미국, 중국, 일본, 러시아) 이 한반도영세중립조약을 체결하기 위한 준비에 앞장 서는 일이다. 일단, 미국과 중국이 한반도 중립화 문제에 대한 원칙적 합의에 도달한다면, 그것은 우리 민족의 통일을 가로막고 있는 가장 껄끄러운 걸림돌이 제거되고 한반도통일의 국제적 기반이 마련될 수 있음을 의미한다.

미국이 한반도의 영세중립화정책을 채택하는 순간 우리민족의 염원인 평화통일의 동은 트이는 것이다.

그 이유는 한반도를 둘러싼 다른 열강들, 즉 중국,
일본, 그리고 러시아는 모두 한반도의 영세중립조약을
내심 환영할 것이기 때문이다. 한반도의 중립화통일은
주변 열강들 모두에게 중요한 국가적 이익을
제공한다.

중국은 한반도 전부를 완충지로 얻게 됨으로서
미국의 군사적 위협으로부터 그만큼 멀어진다.
반면에 미국의 봉쇄정책은 한반도에 군사기지를
두지 않고도 그 실효를 발휘 할 수 있게 될 것이며
북핵문제를 자연스럽게 해결할 수 있게 된다. 또한
한반도의 영세중립화통일은 일본과 중국 사이의
군사적 긴장을 감소시키고, 일본의 경제적 번영을
위하여 큰 보탬이 될 것이다. 중립화된 한반도는
러시아에게 중요한 반사적 지정학적 이득을 가져다
줄 것이다. 그것은 한반도가 드디어 미국과 중국의
정치군사적 특별 영향 권에서 영원히 벗어 남을
의미하기 때문이다.

7.
우리민족의 첫 과제

남북한의 정부나 국민 그리고 해외동포가 우리의
통일문제를 독자적으로 해결 할 방법은 없다. 우리는
미국의 현명하고 합리적인 판단, 그리고 중국의
동조에 일단 호소할 수 밖에 도리가 없다. 그러나
우리민족만이 해야 할, 그리고 할 수 있는 중대한
역사적 과제가 눈 앞에 놓여 있는 것이다. 그것은
미국을 설득하는 일이다. 그 일은 우리 민족이 해야할
가장 중요한 일이다. 그리고 그것은 평화통일을 향한
가장 중요한 시발 점이라 할 수 있다.

미국이 스스로 깨닫고 우리민족이 바라는 새로운

정책을 수립할 것을 기대 할 수는 없다. 설혹 미국의 대통령이 한반도의 영세중립화 정책을 마음에 두고 있다 할 지라도 우리민족의 분명한 요구가 있기 전에는 발설 할 수도 없는 입장이다. 자국내의 반대파로부터 비판과 공격을 받을 수 있으며 여러가지 정치적 불이익을 감수해야 하기 때문이다. 한반도영세중립화에 대한 우리민족의 열광적 요구는 미국 정부가 새로운 한반도정책을 추구함에 도덕적 및 정치적 정당성을 부여하는 효과를 가져 올 것이다.

현재 북핵문제에 관심을 가진 미국의 정치인은 있어도 한반도의 통일문제를 놓고 고심하는 미국 정치인은 없다고 해도 과언이 아니다. 점점 부상하고 있는 중국을 적대시하며 중국과의 모든 협력관계를 부정적으로 보는 미국의 정치세력은 한반도영세중립화 정책에 반기를 들것이 예상된다. 그들은 전략적 요충지인 남한을 포기하는 것은 지정학적으로 미국의 큰 손실임을 그 이유로 내세울 것이다. 그러한 정치적 현실을 감안 할 때, 미국을 설득하는 일이 얼마나 어려운 과제인가를 우리는 알고 있어야하며, 치밀한 계획과 조직적 노력을 경주해야 함을 지적해 둔다. 현 시점에서 무엇 보다도 중요한 것은 한반도를 동아시아의 스위스로 만드는 역사적 목적을 위해 우리 민족이 뜻을 모으고 힘을 합하고 목소리를 높이는 일이다. 우리 민족이 그렇게 할 때 비로서 미국 정부도 우리민족의 뜻을 확실히 알게되고 새로운 한반도 정책을 모색할 수 있는 것이다.

미국의 정책변화를 유도하기 위한 원동력은 우리 민족 자체로 부터 나와야 함을 강조한다. 우리 민족의 미래를 걱정하는 사람은 누구나 현재 우리 민족 앞에 놓인 유일한 선택은 본 제안문이 제시하고 있는 영세중립국에로의 변신 뿐이라는 사실을 인지하고 뜻을 모아야한다. 이것은 결국 우리 민족의 자손만대가 앞으로 지향해야 할 길을 여는 일이다. 미국으로 하여금 우리 민족의 생각을 받아들여 행동에 옮기게 하는 일은 우리 민족의 몫이다. 그 누구도 우리를 대신 할 수는 없다. 특히 미국에 살고 있는 한인

교포들의 역할은 대단히 중요하다. 미국의 행정부와 입법부를 상대로 손쉽게 캠패인 (campaign) 을 벌일 수 있는 입지에 있기 때문이다. 우리가 미국 정부의 마음을 움직여 미국의 한반도 현상유지 정책이 한반도 영세중립화 정책으로 변한다면, 우리의 평화통일 목표는 드디어 사정거리 내에 들어오게 되는 것이다. 우리는 하늘만 바라보며 한탄하고 허송세월 하지말고, "지성이면 감천" 이라는 말을 믿고 그 목표달성을 위하여 최선을 다 해야 할 민족적 차원의 의무를 지고 있다. 분단의 유산을 후손에게 물려주기를 바라는 사람은 없다.

8.
맺음 말

배달민족은 세상에서 가장 동질성이 강한 민족에 속한다. 공통된 언어, 문화, 역사, 전통, 관습을 가진 자랑스런 민족이다. 그러나 유감스럽게도 우리 민족은 지난 백년 동안을 제 구실을 다 못하는 절름발이 신세로 살아왔다. 처음에는 일본의 제국주의에 의하여 짓밟혔으며, 그 다음에는 냉전의 희생 물이 되어 나라의 허리가 부러지는 참상을 당했다. 그리고 그로부터 유래하는 유형무형의 악성 여파는 지금까지도 우리민족 전체의 삶을 지배하고 있으며 그 끝은 보이지 않는다. 지정학적 이유로 죄 없는 우리 민족이 영원한 저주를 받은 것인가? 물론 그렇지 않다. "하늘이 무너져도 솟아날 구멍은 있다!" 현명한 배달민족이여, 꿈이없는 민족은 죽은 민족임을 명심하라. 우리민족의 미래는 결국 우리 자신에게 달려있는 것이다. 여기에 남북전쟁 당시의 미국 대통령이었던 아브라함 링컨 (Abraham Lincoln) 이 남긴 유명한 한마디를 남긴다. "둘로 갈라진 집은 서 있을 수 없다." ("A house divided against itself cannot stand.") 비록 때와 상황은 다르다 할지라도, 링컨의 이 말은 우리민족의 미래에 대한 경고의 말로 받아 드려야 한다. 불행한 배달민족이여, 지혜와 힘을 모으고 분발하라! 하늘은 스스로 돕는 자를 돕는다. 끝

저자 나 필열

충남서천출생

경복고 졸

연세대, 정외과 졸

Southern Illinois University, M.A. & Ph.D.

New York University, Doctoral Works

미국 Longwood University 정치학 교수

University of Maryland (Asian Division-Seoul)

정치학 강사

주요 저서

한반도영세중립 제안문 (2022)

통일은 오고 있는가 (2015)

의원내각제 채택의 필요성 (2009)

YouTube : 한반도통일 및 비핵화문제의 동시해결책

(2021) 한국말 및 영어 편

정치 경력
대한민국 대통령후보 JPK 특보(1980)
국회의원후보 (경기도 분당, 1996)

Email: pyr3509@gmail.com

Table of Contents - 목차

Preface

The modern era has been unusually harsh on Korea and its people, incurring horrific misfortunes one after another – humiliating Japanese colonial rule, the nation's artificial partition in the aftermath of World War Two, followed by the Korean War. Currently the North Korean nuclear issue is doubling down on the nation's tragedy, casting dark clouds over the entire peninsula and beyond. Nevertheless, the most unfortunate of all is the fact that there is no viable solution in sight for the critical question of Korea's reunification after so many decades of the nation's divide. The future of the Korean peninsula as one nation has never been more gloomy and uncertain in the entire history of the country.

Korea had existed as a unified nation-state for more than 1000 years since the establishment of the Koryo Dynasty in 918 A.D. In light of the age-long history of the country, the era of the current Korean partition can only be seen as a short transitional phase. This Proposal is based on the proposition that reunification of Korea is a historical inevitability and that there is a peaceful path to realizing it. The purpose of this Proposal is to propose a theoretical framework and course of action for peaceful reunification of Korea without harming the existing international balance of power in the region of East Asia.

The key questions dealt with in this Proposal include the following. How did the Korean partition occur? What is the main characteristic of today's issue of reunification? Why can't the two states, North and South Korea, bring about their country's unification on their own? Who or what is ultimately responsible for the continuing situation in the peninsula? How can a unified Korea be created without disrupting the existing balance of power in the region? What does the concept of permanent neutrality in international law, best exemplified by Switzerland, suggest for a rational solution to Korea's reunification issue? What role can and should the United States government play in the epoch-making event of resolving the reunification issue and creating a new order in East Asia? What is the main motive behind the North Korean nuclear development? And what is the first task of the Korean people toward achieving the peaceful reunification of their homeland?

1.
The Origin of the Korean Partition

Why and how did the age-old nation, Korea, become a divided country in the aftermath of World War Two? The direct cause of the partition was the military occupation of the northern region of the peninsula by the former Soviet Union. But, how did it happen that the Soviet Union which entered into a non-aggression pact with Japan in 1941 got involved in the Pacific War against Japan in the final moments of the war?

This is a very important question relating to the tragic fate of Korean people and their country – the partition of the nation. The answer to this intriguing question is to be found in a seemingly insignificant incident that took place between the United States and the Soviet Union when World War Two was winding down. At both the Yalta and Potsdam conferences, the wartime US government under presidents Franklin D. Roosevelt and Harry S. Truman asked Joseph Stalin who ruled the former Soviet Union – an ally at that time – to declare war against Japan. The US government believed that the participation of the Soviet Union in the Pacific War would prompt Japan to surrender sooner than later, thereby, saving many American lives trying to invade mainland Japan in the final stage of the war. As a reward, the US government promised that the Russian islands lost to Japan as a result of the Russo-Japanese War of 1904 -1905, be returned to the Soviet Union when the war was over. The unknown potential effect, then, of dropping atomic bombs on Japanese soil didn't seem to be a serious factor when the request was made.

However, Stalin exploited the opportunity for his expansionist policy in East Asia. He waited until two days after the first atomic bombs were dropped on Hiroshima before declaring war against Japan, and rushed the Soviet military forces into the northern part of the Korean peninsula as well as Manchuria with almost no resistance from the Japanese forces stationed in the region. The Soviet military forces did not go south beyond the 38th parallel at the request of the US, belatedly realizing the true intent of Stalin. Soon after, the infamous "iron curtain" fell across the 38th parallel sealing off the northern half of the peninsula, just as was done in Eastern Europe following the German surrender a few months earlier.

Once occupied and "iron-curtained" by the Soviet military forces, the northern part was destined to become communist-controlled, as in the case of all the Eas t European countries and the eastern section of Germany, following the German surrender in May of 1945. From then on, there was no way for Korea to remain a unified nation despite all the efforts from within and without. Eventually, several years later, the nation was officially divided into two separate states in 1948: North Korea (DPRK) and South Korea (ROK) supported by the Soviet Union and the United States respectively. North Korea was founded on the ideology of communism, and South Korea on liberal democracy – two incompatible political ideologies.

The partition of Korea into North and South and

the partition of Germany into East and West were among the most tragic offshoots of Cold War world politics between the Soviet Union and the United States then emerging in the aftermath of World War Two. It is important to recognize, however, that there is a radically different moral character between the two cases. Germany, via the rise of Adolf Hitler, fomented World War Two while Korea was entirely innocent, which explains the radically different reactions of the two nations. Koreans were furious from the outset, unable to accept the externally imposed division, whereas the German people generally acquiesced to their nation's divide. Koreans so much as went to war to bring about immediate remedy, while there was no such German incidence. Such were the entirely different responses of the two nations to the similar tragedy of artificial partition of their nation and it is due to the fundamentally different moral character of the two cases. The German divide can be seen as a punitive justice whereas the Korean divide can be seen as an unjust punishment of the innocent. It is a historical irony that Korea still remains divided after 77 years of artificial partition, while culpable Germany has achieved peaceful reunification decades ago as soon as the Cold War was over.

During the Cold War era, the former Soviet Union pursued the ideologically oriented expansionist policy wherever and whenever possible, while the United States countered it with a containment policy of its own. The umbrella of the Cold War between the two superpowers allowed the two Korean states, North and South Korea, to go their separate ways. During the Cold War era, South Korea was able to achieve notable progress in the domains of economic and political development, while North Korea was experiencing economic stagnation and political regression under a communist regime, widening the gap between the two.

2.
The Korean War and The Nature of Korea's Reunification Issue

It was not surprising that the Korean War took place after the withdrawal of America's occupation forces from South Korea in 1949, creating a power vacuum in the Korean peninsula. Both the occupation forces of the former Soviet Union and the United States in North and South Korea, respectively, were withdrawn from the peninsula once the two Korean governments were established in Seoul and Pyongyang. Notably and unforeseen, the so-called Acheson Line was announced at a national press conference in January 1950 by its namesake US Secretary of State Dean Acheson exhibiting that the Korean peninsula, along with Taiwan and Indochina, was outside of America's defense perimeter in the Pacific region.

In June 1950, with the support of the Soviet Union, North Korea launched a full-scale frontal attack against South Korea to unify the nation by force. Apparently, North Korean strategists believed that the US would not come to rescue South Korea when attacked. When the war broke out, however, the Truman administration immediately decided to intervene militarily in defense of South Korea. The American intervention in the Korean War was a part of America's overall containment policy aiming at countering the communist expansionism of the Soviet Union. As a result, South Korea, then utterly unprepared for the attack, was saved from total defeat.

As the war progressed, with North Korea in a defensive position, the joint forces of America and South Korea, leaving the participating United Nations (UN) forces behind the 38th parallel, pushed back the retreating North Korean forces far beyond the 38th parallel with the clear goal of unifying the country by force in retaliation. The UN forces composed of more than a dozen countries in support of the defense of South Korea, however, stayed south of the 38th parallel as their sole objective was to defend South Korea; not to invade North Korea. As the US and South Korean forces advanced deep into the north, China intervened militarily, saving North Korea on the verge of defeat and eventually bringing a military stalemate between the two sides. A truce was established, and an armistice agreement – not a peace treaty – was signed in 1953. Thus, technically, the war still goes on.

The Korean War failed to produce national reunification due to military interventions from both the US and China. The conflicting geopolitical interests of China and the US regarding the Korean peninsula prevented military unification by either side. The American military intervention in the Korean War was a part of their overall containment policy against the communist expansionism of the Soviet Union. South Korea became an important strategic foothold for America in East Asia in defending and promoting US interests and values in the Pacific region. The loss of South Korea as its ally would represent a major breakdown of its containment policy in defense of the free world and its values in East Asia. It would mean a great geopolitical loss to America and represent a major disruption to the existing balance of power in East Asia, posing a potentially serious threat to peace and stability in the region.

On the other hand, the Chinese military intervention in the Korean War was primarily motivated by its national security concern. It needs North Korea as its buffer state free of US military bases, perhaps, no less than America needed Cuba to be free of Soviet missile bases, as manifested during the John F. Kennedy administration. It seems clear that China could not and still cannot coexist in peace with a unified Korea allied militarily with the United States. Sharing the long border along the Yalu River in close proximity to China's capital, Beijing, a unified Korea allied to America, would constitute an imminent threat to China's national security in times of conflict with the US. A unified Korea per se under the South Korean flag would pose no military threat to China's national security, but a unified Korea allied with America would. Geopolitics, not ideology, was the main reason for China's military intervention in the Korean War. Mao Zedong's government made this clear when it decided to engage in the Korean War. It would be fair to say that China's main interest in North Korea has always been geopolitical, not ideological. North Korea has become a critically important buffer state for China ever since the peninsula became the front line of the international balance of power in East Asia following World War Two.

The Korean War of 1950 -1953 is a catalyst that transformed the main characteristics of the national question of reunification. It showed that the issue of Korea's reunification is not purely an inter-Korean one that could be resolved between the two Korean states alone but a much more complex one involving very important geopolitical interests of the United States and China.

It proved that the divided Korea was interlocked in a critical geopolitical interplay between the US and China in East Asia.. The war demonstrated that the two Korean states alone cannot and will not be allowed to resolve their own unification issue as long as it adversely affects the existing international balance of power one way or the other. It should be pointed out here that this is the fundamental reason why Korea, unlike Germany, still remains partitioned long after the Cold War ended. Despite the end of the Cold War, the geopolitical interests of both the United States and China in the Korean peninsula remain unchanged. The Korean peninsula is still a captive of the geopolitics between the two world powers. Therefore, in the final analysis, the ultimate obstacle standing in the way of Korean unification is not the presumed inability of the two Korean states to reconcile and come to terms with each other but the high geopolitical stakes of China and America involved in the Korean peninsula.

The geopolitics between China and America in East Asia has now displaced the Cold War politics between the former Soviet Union and the United States in the divided peninsula. That is to say, the divided Korean peninsula has become, first, a captive of the Cold War politics between the former Soviet Union and the United States and then now of the geopolitics between China and America. It seems clear then, that the conflicting geopolitical interests of the two most powerful nations of the world today are largely responsible for the continuing status quo in the Korean peninsula.

The Korean War clearly demonstrated that there is no military solution to the issue of Korean reunification short of a world war between the United States and China. And it would be insane even to contemplate that kind of eventuality. It also showed definitively that neither North or South Korea could absorb the other as in the case of German unification.

Consequently, the crucial question regarding the Korean unification question is: How to bring about the reunification of the peninsula-nation without breaking down the balance of power between America and China in the region. To both the US and China, it is not the means used for unification – military or non military – but what ripple effect Korean unification would bring to geopolitics in the region that really matters. Geopolitics, not ideology, is the dominant rationale for the status quo in the Korean peninsula. Precondition for Korean unification, therefore, is harmonization of the geopolitical interests of China and America in the peninsula, not the reconciliation between the two Koreas as commonly assumed. Only when there is harmony between Korean unification and the geopolitical interests of both America and China in the region, can one expect to have Korea reunified.

3.
The Dissolution of the Soviet Union and the Birth of Nuclear North Korea

The Cold War ended with the dissolution of the former Soviet Union in 1991 and resulted in a massive change on the political map of Europe and elsewhere. All the satellite countries of the former Soviet Union were freed from Soviet control, and East and West Germany became reunified under the flag of West Germany. However, the situation in the Korean peninsula turned out to be entirely different. Although the Cold War world politics was the root cause of the Korean partition, the Cold War's closure, unlike the German case, did not resolve Korea's reunification issue. On the contrary, it resulted in an escalation of tension in the land. The fall of the Soviet Union, a staunch supporter of

North Korea, plus the absorption of East Germany by West Germany was sufficient to alarm the North Korean rulers of a potential takeover of their region by South Korea supported by the United States. Deprived of the trusted protection of the Soviet Union — a godfather figure to North Korea and unsure of the big-brother, China's true comradeship — North Korea was driven to pursue a nuclear deterrence for its own security and survival, despite the severe economic hardship it was faced with. Nuclear North Korea is an offshoot of the heightened tension and instability in the divided peninsula in the aftermath of Cold War world politics. Therefore, once the issue of unification is resolved, the nuclear issue will naturally dissipate, for there will be no need for a unified Korea to keep an arsenal; it is only peripheral to the fundamental issue of Korea's reunification.

4.
The Fundamental Dilemma of The Status Quo Policy of The United States In The Korean Peninsula

The long-term policy goal of the United States of America in the Korean peninsula cannot be maintenance of the status quo keeping Korea divided forever. It is not only morally wrong but also may become militarily untenable in the long run. This poses a fundamental dilemma for the current US policy in the Korean peninsula. Korea's national reunification is a moral right of its people as well as a historical inevitability. As long as the United States continues with its current policy, there can be no hope for a peaceful resolution of Korea's reunification issue.

History shows that the power balance among

nations never remains constant. The current policy
of the United States is not only in contradiction
with the Korean unification goal but also involves a
high risk of another eventual conflict in the Korean
peninsula, potentially a tragic war of unimaginable
magnitude considering the current North Korean
nuclear development.

America must come up with a proactive policy that
can prevent unwanted confrontational situations
in East Asia. Failure on the part of the US to do so
and being complacent with the existing conditions
is in effect tantamount to inviting another major
catastrophe in the land. This is the fundamental
policy dilemma America is faced with and must
search for a new one aiming at dissolving not only
the geopolitical conflict with China in the Korean
peninsula but also Korea's reunification issue.. This
is no less than a historic task of creating a new order
in East Asia aiming at lasting peace and stability in
the region.

5.
Neutrality Treaty For Unified Korea; The Only Right Path

This proposal postulates that under the present international circumstances in East Asia the only viable and workable solution for the Korean issue of reunification, as well as the issue of maintaining international balance of power in East Asia, is through the application of the concept of permanent neutralism, exemplified sufficiently by Switzerland, to the Korean situation.

Under international law, a nation that acquires the status of neutrality through treaties among regional powers is entitled to certain special rights and duties. Most important of all, the territorial integrity of the neutral nation cannot be violated by any warring country. All warring nations should heed the neutrality of the nation as a right under international law. On the other hand, the neutral nation cannot have a military alliance with other countries at any time, although it retains the right to their own military forces for self-defense purposes. As far as smaller nations are concerned, there is no better guardian than international law for their national security.

It follows then that, if and when the would-be unified Korea has the status of permanent neutrality, granted through treaties between the regional powers, i.e. US, China, Japan, and Russia, the geopolitical interests of China and America in the reunified nation will be protected without having to have Korea partitioned and the existing international balance of power in the region of East Asia will remain intact with even greater stability. For all practical purposes, the permanently neutralized and unified Korea would function as an effective substitute for a divided Korea in maintaining the existing balance of power between America and China in the region. In such an instance, China will have the entire peninsula as its new buffer state, while America will have a more secure and stable Korea as its front line country in de facto service for its containment policy in East Asia against potential Chinese expansionism without any American military bases present on the peninsula.

Japan and Russia would also greatly benefit from a neutral Korean peninsula. The unified nation based on the concept of permanent neutralism would be more in harmony with Japan's national security in relation to China and also more conducive to Japan's economic advancement into the continent than ever. Russia would also welcome the unified Korea based on neutralism because it would mean a significant geopolitical gain for Russia as a world power. The Korean peninsula will finally be outside of the special sphere of American or Chinese politico-military influence. Judging from the geopolitical point of view on the world scale, it should be considered a significant gain for Russia. Korean neutrality, once firmly settled and no longer an object for power contention among regional powers, may bring many important additional benefits to all the parties concerned. The neutrality would mean a significant reduction of military expenditures on both sides — America and China— due to reduced tension in the region. Also, it is likely that a neutrally unified Korea at the crossroads of East Asia would contribute significantly to a more vibrant regional economy than ever before, bringing greater prosperity for all the nations of East Asia and the Southeast Asian and Pacific regions.

Above all, the neutrality treaty would mean that the tightly closed door to unification, for so many decades in the past will finally be open. It will, for the first time since the nation's partition, pave the way for the people of the two Koreas to unify their nation peacefully. Its people can, then, pursue their dream of peaceful unification with a realistic hope that it can be realized now because it is supported by both America and China.

From a functional point of view, the Korean neutrality treaty would be equivalent to the end of the Cold War in relation to Germany's reunification. The end of the Cold War created a new international milieu in which divided Germany was able to peacefully unify. Similarly, a Korean neutrality treaty would provide an international base for peaceful unification. Sink or swim, it will truly then

be up to the people of the two Koreas. There will
be no one to blame but themselves for not being
able to bring their country back together. With the
geopolitical conflict of interest between China and
America in the Korean peninsula – the ultimate
obstacle to its reunification – resolved through a
neutrality treaty, unification will finally be within
the grasp of the Korean people. Given enough time
to work out their differences, the people should be
able to survive the historic test in the end, despite
all the challenging issues accumulated during
many decades of forced separation facing them.
Their unending aspiration and passion for national
reunification should overcome their temporal
differences in the end. It will be a historic moment
in which the crippled nation becomes a whole
nation and light returns to its people.

Creation of an Asian Switzerland in the Korean
peninsula would truly be a dream come true
for its people. It is expected that Korean people
everywhere throughout the world will be excited
and passionately supportive of the cause once its
full implications are known to them. The Swiss
model of neutrality, among all the neutral countries,

is the most desirable one for the simple reason that
Switzerland has been most exemplary in adhering to
the philosophy of neutralism, not even participating
in regional alliances such as NATO. Certainly,
a unified Korea should follow the example of
Switzerland in its international relations.

6.
The Crucial Role of the United States For Creating Korean Neutrality Treaty

National unification does not come naturally
It is a socio-political phenomenon that can be
achieved only through conscious human endeavor.
Some one or nation must take initiative if the
two Korean states are to ever reunite. Due to the
unique international situation that has kept Korea
separated, the initiative for its reunion has to come
from outside. World politics was responsible for the
Korean mess and it should be held responsible for
cleaning up the mess it created.

The East European mess created in the aftermath of
World War Two including the German divide has
been taken care of due to the novel epoch-making
initiative of Mikhail Gorbachev, late leader of the

former Soviet Union for which he became a Nobel laureate. Gorbachev's new vision resulted in new Europe and Germany's reunification by ending the Cold War. Thus, the epicenter for German reunification was not Bonn or Berlin but Moscow.

Similarly, the epicenter for Korean unification should be Washington, not Seoul or Pyongyang. The sheer weight of the historic task of creating a new political order in East Asia based on Korean neutrality calls for American initiative. It is only appropriate for America to take the helm in this epoch-making historic task in East Asia ensuring lasting peace and stability in the region.

A new awakening on the part of America is greatly needed if the two Korean states are to be peacefully unified so as to restore normalcy in the nation and the region. Policymakers of the United States must recognize that the nation is a family writ large no civilized man can live without and as such, its people are entitled to the natural and moral right to live together in unity. American foreign policy towards Korea ought to be reformulated and conducted on the basis of that proposition. In this regard, the current American foreign policy in the Korean peninsula is a moral failure, if not a strategic and political one.

The Korean issue of reunification, not the North Korean nuclear issue, should be America's foremost foreign policy priority in the region. The North Korean nuclear issue is a peripheral byproduct of a divided Korea. The only viable way to resolve the North Korean nuclear issue is through resolving the central question of Korean unification.

Perhaps, the first step for the US to take is to discuss the matter with China and bring about a general agreement regarding the issue. It is highly likely that China will welcome such a pivotal policy shift of America and fully cooperate with America in this crucial international effort because China has nothing to lose but everything to gain by making the entire Korean peninsula permanently neutralized. Once the general agreement is reached between America and China, a strong foundation would have been established in order to proceed forward for a four-party conference including Japan and Russia. Undoubtedly a positive result can be expected, for

Korean neutrality will bring significant benefit to all the regional powers.

7.
Korean People's Task For the Creation of An Asian Switzerland on the Korean Peninsula

Korean people should realize that they are not truly free and independent as long as they stay shackled by the nation's partition and that the pains and miseries they have been subjected to ever since the artificial partition of their nation in the aftermath of World War Two must not be inherited by their descendants. Also, Korean people must accept the solemn truth that there is no military solution to their unification question short of a world war and that the institutionalized neutrality of the nation is the only and best way out of the mess they are in now.

What they have to do is simple and clear. Their first mission is to persuade America to take initiative in bringing about a Korean neutrality treaty between the regional powers of East Asia. Their motto should be 'Create an Asian Switzerland on the Korean peninsula!' They must be extremely vocal with the message, so that America and the world can hear it. There is no one else who can fulfill the mission for them. Korean people, wherever they live, should mobilize all the legitimate means to let America and the world know about their rightful demand for the country's reunification. In particular, the ones living in the United States enjoying freedoms of expression and assembly, must organize themselves in civic groups to unite, educate, and remind citizens of a neglected and incomplete task. They must help drive the historic cause of the nation's reunification in the Swiss model of permanent neutralism and declare it to the US government.

The American government cannot or will not make a move unless and until they acknowledge what the majority of Korean people want regarding their long disregarded issue. Only when the US government comes to realize that the overwhelming majority of Korean people want to live in a neutrally unified Korea, it may be motivated to review its current policy in the Korean peninsula and take action. Korean people, not the Korean governments, should be the main driving force. The governments of the two Korean states are institutionally and/ or constitutionally limited in their functions. In any case, it would be counterproductive for either the North or South Korean government to initiate official action to pursue the goal of obtaining the status of neutrality until after the people's demand becomes clear.

The people of the two Korean states as well as the policy makers of the United States would be well reminded of Abraham Lincoln's famous saying that "A house divided against itself cannot stand." Korea, a nation crippled by world politics, is entitled to a moral right to the empathy of the world community of decent nations.

About the Author

Pil-Yull Ra, Ph.D. was born in South Korea and experienced the tragic events of the Korean War first-hand as a teen. He majored in Political Science at Yonsei University, Seoul and came to the United States in 1958 to pursue graduate studies.

He obtained his M.A. and Ph.D. in political science from Southern Illinois University At Carbondale and did some doctoral works at New York University. He has taught at Longwood University, Virginia and also within the Asian Division (Seoul) of the University of Maryland. He was involved in the real politics of South Korea as a Special Assistant to a presidential candidate JPK in 1980 and as a congressional candidate in 1996 (Bundang).

His previous publications include *"Why South Korea Should Adopt a Parliamentary System of Government"* (2009), and *"Is Korean Unification Coming"* (2015). In 2020 he also published a YouTube multi-part presentation titled *"How To Resolve the Korean Unification Issue"*.

Email: pyr3509@gmail.com